大展好書　好書大展
品嘗好書　冠群可期

大展好書　好書大展
品嘗好書　冠群可期

少林功夫⑯

少林飛龍拳

劉世君　著

大展出版社有限公司

~ 作者簡介 ~

　　劉世君　漢族。1969 年出生於遼寧彰武。大學本科，武術專業畢業。現任內蒙古通遼市科左後旗武術協會主席、中國管理科學研究院學術委員會特約研究員、武當山武當拳法研究會特約研究員、中國人民解放軍某部特聘武術教練、大連武當拳法研究會名譽會長。國家武術六段。

　　他自幼酷愛武術，先後師從張奇、白雲峰、德覺、吳文翰等著名武術家，學得長拳、少林洪拳、飛龍拳、太極拳、形意拳、八卦掌及鐵砂掌、朱砂掌等拳技功法。其絕技「鐵臂功」斷鋼柱堪稱一絕，被武林人譽爲「鐵臂劉」。

　　他爲人謙虛，品德高尚，嗜武如命。爲更好地繼承中國傳統文化瑰寶，探古求玄，曾去河南開封、少林寺及湖北武當山、北京、山東、遼寧等地學藝，受到多位名家隱士的真傳。

　　他潛心專研古籍經典，勤於筆耕，先後在《拳擊與格鬥》《武林》《武當》《武魂》等雜誌上發表論文百餘篇，並出版《防身制敵散打術》《少林拳技擊入門》兩部專著。曾多次參加全國性武術比

賽，榮獲武術冠軍和硬功絕技冠軍。

爲弘揚中華武術，傳播民族瑰寶，他已培育出百餘名弟子。身爲優秀教育工作者，先後被評爲「市級優秀教師」和「內蒙古自治區先進班級班主任」光榮稱號。其事蹟載於《武魂》《武當》《中國武功名家博覽》《中國當代武術家辭典》《中國民間武術家名典》等書刊。

～前 言～

少林武術源遠流長，博大精深，是東方傳統文化之精華，我國優秀的傳統體育項目。它內外兼修，拳禪如一，意、氣、形同練，攝養生之精髓，集技擊之大成，形成了風格獨特、內容豐富的拳法技術體系，蜚聲海內外，爲中華民族博得了贊譽。

「少林飛龍拳」是少林武術中的一顆璀璨明珠。該拳結構嚴謹，獨具特色，動作剛健有力，樸實無華，力主技擊，是不可多得的優秀少林拳法。

吾自幼酷愛武功，師從著名武術家張奇、白雲峰、郭蘭森及吳文翰等多位明師，舉凡少林、武當拳械及鐵臂功、鐵砂掌、拍打功等硬功絕技多有涉獵，內外並練、術道同修。「飛龍拳」是我最喜愛的少林拳術，多年來勤習苦研，心得體會頗多，將之編著成書公布於世，是我的夙願。今爲福澤於民，造福社會，不敢自秘，將其和盤托出，以饗廣大武術愛好者。

本書在編著期間，承內蒙古通遼市科左後旗三中領導及教師給予熱情的支持與幫助，在此一併致以衷心的謝枕！

5

因本人水準有限，再加上時間倉促，書中難免有舛誤疏漏之處，敬請武林師友教正。

劉世君
2004年元月於內蒙古甘旗卡

～目　錄～

第一章　概　述 ……………………………… 9

　　第一節　少林武術源流概述 ………………… 9

　　第二節　少林飛龍拳的風格特點 ………… 16

第二章　少林拳技術套路 ……………… 19

　　第一節　少林五行捶動作圖解 ………… 19

　　一、少林五行捶動作名稱 ………………… 19

　　二、少林五行捶動作圖解 ………………… 19

　　第二節　少林彈腿動作圖解 …………… 44

　　一、少林彈腿動作名稱 …………………… 44

　　二、少林彈腿動作圖解 …………………… 44

　　第三節　少林飛龍拳動作圖解 ………… 105

　　一、少林飛龍拳動作名稱 ………………… 105

　　二、少林飛龍拳動作圖解 ………………… 106

　　第四節　少林飛龍拳實戰示例 ………… 160

少林飛龍拳

8

第一章　概　述

第一節　少林武術源流概述

武林中，素有「南尊武當，北崇少林」之說。少林武術是中華武術的重要組成部分，是我國著名的兩大武術主脈（武當、少林）流派之一，其源遠流長，歷史悠久，距今已達一千四百多年歷史，是東方文化藝術寶庫中的珍品，千百年經久不衰，獨放異彩，譽滿海內外，備受世人青睞。

「武以寺名，寺以武顯」。少林武術因根源於佛教聖地、禪宗祖庭、素有「天下第一名剎」之稱的河南嵩山少林寺而得名。其起源可追溯到北魏年間（公元386～534 年），距今已有一千五百多年的歷史。

少林拳是少林武僧及傳人在長期參禪悟道、修身保命的生活實踐之中所創，並汲取各家拳派之真髓，不斷革新、完善、提高、發展，逐漸演化成派系繁大、內容豐富、理精法奧、獨具風格和特點、久負盛名的武術門派，即少林派。

以禪宗和武術聞名於世是少林寺的主要特點，又因

其佛武同源、拳禪如一、以禪入武、習武修禪，講究以禪武來頤養性情和護身衛寺、保家救國，所以，少林武術亦稱為「武術禪」。少林武術體系完整，功技獨特，理法突出，支脈繁衍，有「天下武功出少林」之美譽。

「人類生產活動是最基本的實踐活動，是決定其他一切活動的基礎」。少林武術的起源、發展與其他科學產生、發展的規律一樣，是由社會實踐活動所決定的。關於其起源可追溯到原始社會，當時社會生產力水準低下，技術落後，各方面條件極為簡陋，原始人常遭受猛獸的威脅和他人的侵犯，人們為了生存和生活，使用棍棒、石器等同野獸及其他侵犯者進行殊死搏鬥。在長期的實踐中逐漸學會了踢、打、摔、拿等基本的實戰搏鬥技能。

先秦時期，統治者十分重視培養和訓練將士們的實戰格鬥技能。

漢代，具有實戰意義的「角抵」已開始普及，並有廣泛的群眾基礎。

唐代，是少林武術的興盛時期，武則天大倡武舉制，使眾多具有報國之心的武林仁人志士脫穎而出。特別是唐武德年間，少林武僧助朝廷平服叛亂有功，受到朝廷封功獎賞，唐太宗恩准少林寺可養僧兵，開創了少林寺有武僧之先例。

宋代，少林名聲大振，社會上掀起了少林武術潮流。中華武術走向成熟，少林武術已自成體系，風格獨絕。習武健身已成為人們的一種時尚，少林武術開始有

了比較成熟的拳械套路，並且不斷向前充實發展，許多少林寺僧懷著對中國大好河山的摯愛和拯救黎民百姓於水火之中的心情，紛紛奮勇投身行伍，拋頭顱、灑熱血，以武效國，鏟除敵寇，以自己堅貞不渝的愛國信念及保家為民的赤膽忠心，用自己的鮮血和生命在中華武術歷史上譜寫了一曲曲動人的英雄故事。

在保家衛國的實際戰鬥中，少林傳人不斷地對武技進行歸納和總結，並刻苦揣摩研練，大大推動了少林拳的飛躍發展。

特別值得一提的是，少林武僧福居和尚，邀集全國各派武林高手共同研討諸家武技之精華，探究拳理之真髓，在廣泛汲取百家之長的基礎上，遵人體間架結構，循陰陽辯證之哲理，糅合眾高手的實戰心得體驗，編撰拳譜，供寺僧參考和學練。此乃是功德無量、流芳百世的舉措，對少林武術的弘揚和發展有重大作用。

金、元時期，少林寺已擁有僧眾二千餘人，並多次派寺僧到世界各地邀遊講學，將少林拳法傳播到國外，為弘揚中華民族傳統文化、促進中國與世界人民的友好交往，起到了巨大的推動作用。

少林武術高手白玉峰、覺遠上人等，潛心研究中華武技精粹，創編技法高妙、內外兼修的「少林五拳」（龍拳練神；虎拳練骨；豹拳練力；蛇拳練氣；鶴拳練精），極大地豐富了少林派武術內容，增添了少林武苑的風采，使少林拳法這朵奇葩更加絢麗多彩。而且，在當時的民間還出現了研習武技的「社團」組織。

　　明清時期，是少林武術發展集大成的鼎盛時期。少林拳的發展及傳播達到前所未有的空前盛況，技藝已形成非常豐富的內容，少林拳在民間的普及程度更為廣泛，習武民眾極多，武術門派林立，出現了百餘種武術套路，武術流派趨於定型。人們崇尚少林武道，武林豪傑備出，「拳勇矯捷」者屢見不鮮。他們探技理精髓，不斷豐富和發展了少林武術之技理技法內容，對少林武技的發展與提高起了巨大的促進作用。

　　這亦是少林武術發展的成熟階段。各種拳術功法如雨後春筍，紛紛而出，南拳北腿，東技西藝，異采紛呈，爭奇鬥妍。

　　據史料記載，明朝時期，少林寺積極與政府合作，成立僧兵武裝組織，抗倭戍邊、保衛國家，其功顯赫，少林武裝力量逐漸聞名於世。

　　明嘉靖年間，當倭寇騷擾我國東南沿海之際，少林寺僧兵多次應詔出征，運用練就的一身精湛的少林武功，衝鋒陷陣，威猛驍勇，頑強殺敵，為國捐軀，曾湧現出許多在國危民難中英勇抗敵的愛國英雄，如少林武僧月空和尚等。他們懷著對中國和人民執著的熱愛及精忠報國的信念，留下了許許多多抵敵禦侮、保家衛國的可歌可泣的動人事蹟，他們的英雄偉績在少林武術史上譜寫了光輝燦爛的篇章。

　　清末至民國初期，少林寺雖慘遭封建王朝和反動軍閥的踐踏、蹂躪，致使一些拳法失傳，但少林武術卻不斷地向前廣泛發展著。門派繁多，武館林立，具有高度

愛國主義精神的仁人志士為了推翻封建政府的壓迫和統治，積極投入到學習和深研少林武藝之中，以精湛絕倫的武技而屢建奇功，為近代少林武術體系的最終形成奠定了堅實的基礎。

民間武術高手紛紛以實際行動來報效中國，如著名武術名家王子平、霍元甲等武林英傑，以超絕的少林功夫打敗來中國挑釁的外國武士，革洗了「東亞病夫」之恥辱，捍衛了民族的尊嚴，喚起了民眾的愛國熱情，為中華民族增光添采。

新中國成立後，國家成立了專門的武術機構，將開展少林武術作為重點。在黨和政府的關懷、支持下，少林武術的弘揚與發展出現了前所未有的壯麗景觀，在全國乃至世界都形成了「少林武術熱」，少林武術更具聲威，在武林中出現了百花爭妍、萬紫千紅的繁榮景象。

在發展繼承中，既有對傳統拳法精華的繼承，又有不拘泥於古的創新。武術館校林立，雄才輩出，各大學開設武術系（院），為社會培養了大量專業武術人才，少林武術威名顯赫天下。

隨著少林武術在實踐中的不斷進步發展和豐富提高，特別是少林寺僧對外切磋交流，汲取了眾多拳術之營養精華，少林拳法漸趨成熟，理論也向自身發展的成熟階段邁進。

可以說少林武術的形成與發展，實際上是歷代武僧在具有獨特民族風格特點的少林拳技法的基礎之上，參研民間武術精華，結合自身實際，反覆進行揣摩推敲，

改進充實技理技法，兼收並蓄、融會貫通的智慧結晶，發展成馳譽中外、馨香武林、獨樹一幟的武苑奇葩。少林拳是炎黃子孫對世界文化的傑出貢獻，其文化底蘊豐富，深受各國武術愛好者的青睞，在國際上的影響越來越大。

隨著國際友好交往的開展，已有幾十個國家和地區的武術團、隊或個人到登封投師學藝，尋根求源。中國也先後派出武術團、隊出國表演、交流、教學。國內外的少林武術運動得到前所未有的迅速發展，中外武林人士長期交流，結下了深厚情誼，播下了友好的種子，使少林武術在世界各地得以弘揚、傳播，開創了和平的美好未來。

因軍旅武術及民間各門派武術不斷傳入少林寺，逐步形成了馳名中外的少林武術體系。它包括套路（拳術和器械）、功法和技擊三種運動形式。其內容豐富、風格獨特，主要拳械功法大致如下。

一、套　路

1.拳術類

大洪拳、小洪拳、羅漢拳、二郎拳、通備拳、心意拳、炮拳、金剛拳、黑虎拳、飛龍拳等百餘種少林拳術。

2.兵器類

棍術：風魔棍、齊眉棍、夜叉棍、陰陽棍、梅花棍等。

刀術：少林大刀、六合刀、雙刀、梅花刀、太祖刀、追風刀等。

槍術：十三槍、花槍、三十六槍、八十四槍、六合槍等。

劍術：龍形劍、飛龍劍、白猿劍、達摩劍、綈袍劍等。

另外還有叉、鏟、刺、戟、鐮、鞭、鈎、拐、鐧、杖等兵器。

3.對練類

分器械對練及拳術對練、拳械對練。

二、技　擊

擒拿、卸骨法、點穴秘法、短打手法、心意把等。

三、功　法

少林拳體系的功法，包括軟、硬、輕、絕之功法，如童子功、少林易筋功、小武功、陰陽氣功、輕功和鐵臂功、鐵砂掌、金剛指、鐵頭功、朱砂掌、鐵布衫等。

第二節　少林飛龍拳的風格特點

少林飛龍拳是少林派武術中的優秀套路，它是在汲取各家少林武功的基礎上而進行揣摩研究，並逐步演化、發展形成的間架結構簡練、別具特色的少林拳法。

少林飛龍拳共分三趟，計有三十餘個動作，拳架端莊俊麗，威武挺秀，氣勢磅礴，神形猶如飛龍騰雲，矯健敏捷，機智圓活，輕靈穩健，舒展自然，動作樸實典雅，套路精悍別緻，結構嚴謹，勁力充實，行拳路線直來直去，符合少林派「拳打一條線」的演練特色。

在行拳盤架時，講究動作連貫，變化莫測，一氣呵成，並做到內三合（即心與意合、意與氣合、氣與力合）、外三合（即肩與胯合、肘與膝合、手與足合），周身協調，力整勁實。

手型以拳、掌、鈎、指、爪為主，變化多端，交替使用。

步型多樣，有弓步、馬步、仆步、虛步、歇步及半馬步、跪步、獨立步八種。

手法曲直相兼、攻守嚴密、勁健有力，運用自如。

步法輕靈穩固，進退有方，疾如狂風捲絮，快捷不定，靜似蒼松翠柏，落地生根。

身法起橫落順，圓活敏捷，吞如靈貓待鼠，吐像餓虎撲食，輕似蜻蜓點水，重如泰山壓頂。眼神吐威，目隨身轉，手眼相合，手到眼到，手疾眼快，並講究「心

動形隨，意傳神發」。

此拳結構嚴密緊湊，架勢端莊規整，技法簡捷幹練，樸實無華，不尚花架，縱橫奇變，陰陽相濟，合天地自然之道。樁基沉穩扎實，擊發則迅猛遒勁，神威外顯。招招講究攻防，勢勢重在實用。每招每式顧打相合，非攻即防，體用兼備，既有剛猛乾脆的爆發力，亦有鬆柔渾圓的彈抖力，剛中有柔、柔中寓剛，剛柔相濟。動作連貫順暢，輕靈飄逸，往返多變，起伏轉折，快速敏捷，動靜兼濟，擊法清楚，快慢相間，節奏鮮明，具有形神兼備、內外合一的神蹟。演練起來不受時間及場地的限制，即所謂「拳打臥牛之地」。

飛龍拳重技擊，主實戰。在技擊交手過程中，指上打下，聲東擊西，虛虛實實，虛實併用，陰陽交替，順逆互變，乘勢借力，以巧制敵。頭、肩、肘、手、胯、膝、足連環相扣，踢、打、摔、拿、掛、磕、架、拍、摜等技法運用靈活巧妙。出手快準穩狠，直擊敵之要害，神鬼莫測。敵若強我，來勢凶猛，我則應踩邊門而進，順勢借力，見縫插針，避實擊虛，以柔克剛；敵若弱我則直踏洪門而入，猛攻快取，硬打硬進無遮攔，充分發揮周身之「利器」，一舉摧之。拳諺「遠踢近打，貼身靠」「遠手近肘，再近使用肩膀頭」。

少林飛龍拳對敵技擊時，既要審時度勢，知己知彼，內心有數，又要法無定式，隨機應變，處處占於主動地位，做到「動而不迷，舉而不窮」，絕不可貿然進擊，亦不能畏懼退縮。充分發揮技法，避敵銳氣，擊之

惰歸，以己之長，克敵之短，守中用中，攻中有守，守中寓攻，攻守有度，攻守互化，顧擊相濟，長短兼施等特點，進而達到「一羽不能加，蠅蟲不能落」、無堅不摧的上乘境界。

少林飛龍拳乃東方武術寶庫中的一顆璀璨明珠，它以獨特的風格和特有的魅力而綻放在中華武術藝苑之中。少林飛龍拳必將在中華大地上開花結果，並走出國門，馨香世界，為人類的健康作出更大的貢獻。

第二章 少林拳技術套路

第一節 少林五行捶動作圖解

少林五行捶乃金、木、水、火、土五種拳法，它既是少林拳的基礎套路，也是技擊實戰的單操拳法。該拳法動作簡單，重在功用。其演練講究相生相剋的關係，如金生水，水生木，木生火、火生土，土生金，這是相生；金剋木，木剋土，土剋水，水剋火，火剋金，此為相剋。

當然，實戰技擊絕不是一成不變的，這就要求我們平時練習有法，而實戰用時無法，以無法對有法，力達拳自心發、自由無羈的境界。

一、少林五行捶動作名稱

1.金捶 2.水捶 3.木捶 4.火捶 5.土捶

二、少林五行捶動作圖解

1.金 捶

【動作說明】

身體正直朝前，兩腳平行站立，腳尖朝前，直腿挺

膝；雙手自然下垂，手心向內，貼靠在大腿外側，中指緊貼於褲線上，掌指朝下；自然呼吸，兩眼前視（圖1-1）。

接著，身體疾速左轉90°，左腳向前邁步落實，腳尖朝前，大腿屈曲前弓蹲平，右腿挺膝蹬直，腳尖內扣45°，全腳掌著地，雙腿成左弓步；同時，左手以肩關節為軸，經上往左前方掄劈，力達拳輪，拳眼朝上，略比肩高；右臂不動；目視前方（圖1-2）。

接上勢。兩腿弓步式不動；左臂屈曲回收於腰間，肘臂緊貼於肋部，拳心朝上，右手以肩關節為軸，由腰間向上往前方掄劈，力達拳輪，拳眼朝上，略比肩高；目視前方（圖1-3）。

身體右轉，兩腳向右靈活擰轉，雙腿屈膝下蹲，大

圖 1-1

圖 1-2

圖 1-3

腿接近水平，膝蓋對腳尖，兩腳平行，五趾抓地，兩膝略外展，襠部撐圓，重心落於兩腳中間；身體正直朝前，兩臂屈曲收於腰間，雙手握拳，拳心朝上；頭頂頸直，口齒微合，舌抵上腭，意照丹田（氣海）部位，以鼻呼吸，氣息要勻、長、細、深；目向前平視（圖1-4）。

身體疾速右轉90°，雙腳亦隨之轉動，右腳尖朝前，大腿屈曲蹲平，左腿挺膝蹬直，腳尖內扣45°，全腳掌著地，雙腿成右弓步；右手以肩關節為軸，由右向左經上沿順時針方向往前掄劈，力達拳輪，拳眼朝上，略比肩高；左手臂不動；目視前方（圖1-5）。

承上勢。兩腿弓步式不動；右臂屈曲回收於腰間，拳心朝上；左手以肩關節為軸，經腰間向上往右前方掄劈，力達拳輪，拳眼朝上，略比肩高；目視前方（圖1-6）。

圖1-4

圖 1-5

圖 1-6

接著，身體左轉，雙腿成馬步；然後，再向左方做劈拳動作。動作循環不已，連續演練。

【要點】

動作重心轉換要快，身體自然沉穩，內外協調統一；劈拳要以腰發力，手臂要曲而不曲，直而不直，力貫達於拳輪；心澄目潔，挺胸直腰，沉肩墜肘，周身安舒，氣沉丹田。

2.水 捶

【動作說明】

身體疾速左轉，雙腳向左碾動活步，左腳腳尖點

圖 1-7

地，右腳腳尖向外撇 45°，兩腿微屈下蹲，成左虛步；同時，右拳向前斜上方鑽出，左臂屈曲附於小腹前，拳面朝上，拳心朝下；眼睛隨視右拳（圖1-7）。

　　接著，左虛步不動。左拳快速向前斜上方鑽出，拳心朝上，右臂屈曲回收附於小腹前，拳面朝上；眼睛隨視左拳（圖1-8）。

圖1-8

承上式。身體快速右轉，重心向後移動，左腿屈膝下蹲支撐重心，全腳掌踏實，五趾抓地；右腿屈曲，腳面繃直，腳尖點地，雙腿成右虛步；左手向外畫弧回收於腹前，拳心朝下；右拳順勢向右前上方鑽出，拳心朝上，與鼻同高；目視右拳（圖1-9）。

圖1-9

接著，右虛步不動；左拳快速向前上方鑽出，拳心朝上；右臂屈曲回收附於腹前，拳面朝上；目隨視左拳（圖1-10）。

然後，向相反方向繼續做動作，技法連環，生生不息。

【要點】

周身協調，上下一致，身活體靈。轉動時要以腰為軸，重心安穩，五趾抓地。動如波濤，靜似山岳。動作圓活、疾速，技法連貫自然，周身一動無有不動。

圖1-10

3. 木 捶

【動作說明】

身體正直朝前，左腳向左側方邁出一步，雙腳平行，腳尖朝前，五趾抓地，兩腿屈膝下蹲成馬步；同時，左拳收於腰間，拳心向上；右拳經腰間向前沖出，拳心朝下，力達拳面，拳與肩同高；目視前方（圖1-11）。然後，右拳收於腰間，拳心向上；左拳從腰間快速向前沖出，拳心朝下，力達拳面，拳與胸同高；目視前方（圖1-12）。

圖1-11

圖 1-12

　　承上勢。身體疾速左轉，雙腳微向左碾步，兩腿屈曲下蹲，右腳跟提起，前腳掌著地，左腳支撐重心，全腳掌著地，成右跪步式；同時，左拳收於腰間，拳心向上；右手立拳，經腰間向前快速沖出，拳眼朝上，力達拳面，拳與胸同高；目視前方（圖 1-13）。

　　接著，身體起立，以左腳支撐重心，右腳快速向前蹬出，腳尖朝上，力達腳跟；同時，右拳收於腰間，拳心向上；左拳經腰間快速向前沖出，拳心朝下，力達拳面，拳與胸同高；目視前方（圖 1-14）。

圖 1-13

圖 1-14

然後，左腳不動，右腳回收下落於左腳內側震腳，雙腿屈曲下蹲，腳尖朝前；同時，兩手向外畫弧，掄於腹前，以右拳面砸擊左手掌；目視右拳（圖1-15）。

　　右腿挺膝伸直，全腳掌踏地，五趾抓地，支撐身體重心；左腿屈膝提起，腳面繃直；左拳收於腰間，拳心向上；右手成立拳，快速向前沖出，拳輪朝下，力達拳面，拳與胸同高；目視前方（圖1-16）。

　　左腳向側方落步，雙腳平行站立，與肩等寬，腳尖朝前，五趾抓地，兩腿屈膝下蹲成馬步；同時，右拳收於腰間，拳心向上，左拳經腰間向前沖出，拳心朝下，力達拳面，拳與肩同高；目視前方（圖1-17）。

圖 1-15

圖 1-16

圖 1-17

接著，重複做以上動作，要領相同，惟方向相反
（圖 1-18 至圖 1-22）。

圖 1-18

圖 1-19

圖 1-20

圖 1-21

圖 1–22

【要點】

沖拳時，擰腰順肩，力達拳面。手臂曲而不曲、直而不直。重心安穩，轉換要快。沉肩墜肘，舒胸鬆體。整套動作協調快捷，圓活自如，發力勇猛乾脆，招招相連、式式相扣。

4.火　捶

【動作說明】

身體左轉，左腿屈膝前弓，右腿挺膝伸直，雙腿成
左弓步式；同時，左手於頭上方略屈架出，左拳心朝
前，拳眼朝下；右拳經腰間向前快速擊打，拳心向下，直
臂沉肩，力達拳面，與胸同高；目視前方（圖1-23）。

接上式。身體疾速右轉，雙腳隨之靈活碾動，重心
下降；雙腿屈曲下蹲，左腳全腳掌著地支撐重心，右腿
直膝側伸，腳尖朝前，成右仆步；然後，左臂屈曲貼靠

圖1-23

於肋部，拳收腰間，拳心朝上；右前臂屈曲下沉豎於胸前，拳面朝上，拳心向後；目視左前方（圖1-24）。身體疾速右轉起立，兩腳隨之右轉，左腳尖內扣45°，全腳掌著地，挺膝伸直，右腳尖朝前，大腿屈膝前弓，雙腿成右弓步式；同時，右手屈曲向頭上方架擋，拳心向前，拳眼朝下；左拳向前快速沖出，拳心向下，直臂沉肩，力達拳面，與胸同高；目視前方（圖1-25）。

接著，身體左轉，雙腿成左仆步；右臂屈曲貼靠於肋部，拳收腰間，拳心朝上；左前臂屈曲下沉豎於胸前，拳面朝上，拳心向後（圖1-26）。然後，再向左方

圖1-24

圖 1-25

圖 1-26

做弓步架打動作（圖1-27）。反覆演練，連續不斷。

【要點】

姿勢標準，力穩勁遒。步型準確，五趾抓地，重心穩固。架臂與沖拳同時進行，力達拳面。周身協調，意念集中。動作迅速乾脆而有力，連貫自如。

圖1-27

5.土　捶

【動作說明】

身體正直朝前，兩腳左右開立，距離略比肩寬，腳尖朝前，大腿屈膝蹲成馬步；同時，左手貼靠於肋部，拳收於腰間，拳心朝上；右臂屈曲，由右向左掄拳貫打，拳與頭同高，拳心朝下；目視右拳（圖1-28）。

接著，右臂收於腰間，拳心朝上；左臂屈曲，由左向右掄拳貫打，拳與頭同高，拳心朝下；目視左拳（圖1-29）。

接上式。身體疾速左轉，左腳尖外撇45°，全腳掌著地，右腳跟提起，以前腳掌支撐重心，雙腿下蹲成右歇步

圖1-28

式；同時，左拳回收於腰間，拳心向上；右拳向左掄貫，臂微屈，拳心朝下，力達於拳；目視右拳（圖1-30）。

圖1-29

圖1-30

　　然後，身體右轉，雙腿下蹲成左歇步式；同時，右拳收於腰間，拳心朝上；左拳向右掄貫，臂微屈，拳心朝下，力達於拳；目視左拳（圖1-31）。

　　接著，繼續做馬步掄拳及歇步掄拳動作。連續演練，生生不已。

　　【要點】

　　轉動靈敏自然，重心平穩。掄拳要以腰為軸，以意使氣，氣力合一，力達於拳。挺胸拔背，鬆肩沉氣。動作輕靈圓活，勁猛勢凶，以達一擊必殺之目的。

圖1-31

收　勢

身體正直朝前，左腳提起慢慢地收於右腳處，兩腿相靠，雙腳併攏而立，腳尖向前，直腿挺膝；雙手自然下垂於體側，中指緊貼於褲線上；兩眼前視（圖1-32）。

【要點】

頭頂頸豎，心澄目潔。自然呼吸，氣沉丹田。動作要柔和，連綿不斷。

圖1-32

第二節　少林彈腿動作圖解

少林彈腿是少林派武術的基本拳法，共分十路。因其在演練和實戰過程中，腿法多而快捷，重在突出彈踢之技法，故而得名。彈腿架勢端莊，勁遒力達，結構嚴謹，一路一法，左右對稱，拳腳互應，動作乾淨俐落，樸實無華，簡捷明快，不尚花架，重在實用。此拳既可以每路單練，亦可將各路串連起來進行演練。

練習少林彈腿，不僅能快速提高少林拳術中應具備的基本的手眼身法步和技擊能力，而且能夠舒展筋骨，暢活氣血，使病者康、康者壯，全面增強身體素質，並為學練少林飛龍拳奠定牢固的基礎。

一、少林彈腿動作名稱

第一路　扁　擔　第二路　拉　鑽　第三路　劈　砸
第四路　架　打　第五路　轉　滑　第六路　連　環
第七路　勾　掛　第八路　穿　撩　第九路　推　山
第十路　箭　彈

二、少林彈腿動作圖解

第一路　扁　擔

【動作說明】

身體正直朝前，兩腳併攏站立，腳尖朝前，直腿挺

膝;兩臂自然下垂於體側,雙手中指緊貼於褲線上;目
視前方(圖2-1)。

兩腳站立不動;雙臂經體側緩緩向上抬起,手掌心
朝上,至與肩平(圖2-2);手臂向體前內收合攏,兩
臂與肩等寬,掌外沿相對,掌心朝上(圖2-3);雙手
握拳,手臂以肘為軸向上豎起,拳心朝裡,拳面向上
(圖2-4)。

上勢不停。身體重心疾速左移,左腳向前方邁出,
大腿屈曲蹲平,腳尖朝前,右腿挺膝伸直,兩腿成左弓
步;同時,兩臂向身體兩側伸直分開,用力沖拳,拳心
朝下,與胸同高;雙目向前平視(圖2-5)。

圖2-1

圖 2-2

圖 2-3

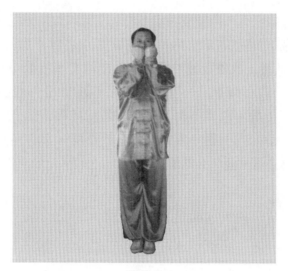

圖 2-4

圖 2-5

身體正直，兩腿成弓步不動；左臂以肘為軸屈曲內收於體前，拳心向下，手臂與胸同高；右臂不動（圖2-6）。然後，身體疾速左轉，左手向側方、右手向前同時沖出，拳心皆朝下，與胸同高（圖2-7、圖2-7附圖）。接著，左臂不動，右手在體前按順時針方向畫一立圓，拳面向下砸，手臂伸直停於襠前，拳心斜向前上方（圖2-8、圖2-8附圖）。

圖2-6

圖 2-7

圖 2-7 附圖

圖 2-8

圖 2-8 附圖

身體重心前移至左腳，左腿略屈，支撐重心，全腳掌著地，右腿屈膝提起，以腳尖為力點向前方彈踢，腳面繃直，高不過膝；右手不動，左臂自然上擺；目向前平視（圖2-9）。

圖 2-9

接著，右腳向前落步踏實，全腳掌著地，大腿屈膝弓平，腳尖朝前，左腳尖向外撇 45°，大腿挺膝蹬直，雙腿成右弓步；同時，右拳直接向前沖出，力達拳面，拳心朝下；左臂向後直伸，兩拳拳心均朝下，與肩同高；目視前方（圖 2-10）。

按上述動作左右反覆進行練習。

圖 2-10

【收勢動作】

身體正直朝前，兩腳併攏站立，腳尖朝前，直腿挺膝；左拳向側方沖出，拳眼朝上，手臂伸直；右手成掌護守於左胸前，手臂屈曲；目視左側方（圖2-11）。這個收勢也是下一路的起勢，以下各路相同，不再說明。

【要點】

頭正身直，挺胸踏腰。抬臂內合要緩慢進行，意氣統一，神形兼備，氣沉丹田。邁步與沖拳同時進行，出拳要擰腰順肩，乾淨俐落。彈踢要勢猛勁道，支撐腳五趾抓地，重心平穩。整個動作要快速有力，連貫自如，意氣相合。

圖 2-11

第二路 拉 鑽

【動作說明】

身體右轉，右腳向前邁一步，腳尖外展，雙腿略
屈；同時，右手畫弧向右側摟抓；左手收於腰間，拳心
朝上（圖2-12）。

右腳活步，左腳經右腳向前上步踏實，兩腳平行，
腳尖朝前，距離略比肩寬，兩腿屈膝蹲平成馬步；同
時，右手握拳收於腰間，拳心朝上，左拳由後向前下方
砸擊於體前，臂屈曲；目視左拳（圖2-13、圖2-13附
圖）。

圖 2-12

圖 2-13

圖 2-13 附圖

接著，身體疾速向左轉，左足向前活步，大腿屈曲前弓，腳尖朝前，右腳尖內扣45°，大腿挺膝蹬直，雙腿成左弓步；同時，擰腰順肩，右拳向前沖出，力達拳面，拳心朝下；左拳收於腰間，拳心向上；目視前方（圖2-14）。

然後，左腿微屈膝而立，支撐身體，五趾抓地；右腳迅速向前彈踢，腳面繃平，力達腳尖，高不過膝；同時，左拳向前沖出，力達拳面，拳心朝下；右拳收於腰間，拳心向上；目視前方（圖2-15）。

上勢不停。右腳全腳掌落地踏實，挺膝直立；左腳迅速向前彈踢，腳面繃平，力達腳尖，高不過膝；同時，右拳向前沖出，力達拳面，拳心朝下；左拳收於腰間，拳心向上；目視前方（圖2-16）。

圖2-14

圖 2-15

圖 2-16

承上勢。身體右轉，左腳向前落步，腳尖朝前，兩腳平行，雙腿屈蹲成馬步；接著，左拳順勢借力向左側沖出，與胸同高，拳心朝下；右拳收於腰間，拳心朝上；目視左側方（圖2-17）。

按上述動作左右反覆進行練習。

【收勢動作】

身體正直朝前，兩腳併攏站立，腳尖朝前，直腿挺

圖2-17

膝，右手成立拳向側方沖出，手臂伸直；左手成掌，護
守於右胸前，手臂屈曲；目視右側方（圖2-18）。

【要點】

摟抓要以柔克剛，砸擊力點在前臂。彈踢疾速、凶
狠，力達腳尖，支撐腳五趾抓地，重心牢固。沖拳要擰
腰順肩，力猛勁實，丹田發力，力貫於拳面。整個動作
須敏捷連貫、勢如破竹，快發快收，一氣呵成。

圖 2-18

第三路 劈 砸

【動作說明】

右腳向前斜方疾速上步，全腳掌著地，大腿屈膝下蹲；左腳隨之跟步，前腳掌著地，腳跟提起，大腿屈曲下跪，兩腿成左跪步；同時，兩臂向身體兩側上下展開，雙臂微屈，左手握拳，以前臂為力點，向後側畫弧格擋，拳心朝向斜下方；右臂向右上方架出，拳心朝斜上方，與胸同高；雙目向左平視（圖2-19）。

圖2-19

接著，身體快速左轉，左腳向左側上步，腳尖朝前，大腿屈曲下蹲接近水平；右腳尖內扣45°，大腿挺膝蹬直，全腳掌著地，雙腿成左弓步；同時，左臂以肩關節為軸，由上向下畫弧收於腰間，拳心朝上；右臂經腰間向前方成立圓掄劈，力達拳輪，拳眼朝上，與頭同高；目視前方（圖2-20）。

承上勢。身體重心左移，左腳支撐重心，大腿微屈而立；右腳迅速向前彈踢，腳面繃平，力達腳尖，高不過襠；同時，左拳向前沖出，力達拳面，拳心朝下；右

圖2-20

拳收於腰間，拳心向上；目視前方（圖2-21）。

身體左轉90°，頭正頸直；右腳向前落步踏實，腳尖朝前，兩腳平行，雙腿屈曲下蹲成馬步；同時，右拳向側方沖出，拳心朝下，與胸同高；左拳順勢收於腰間，拳心朝上；目視右前方（圖2-22）。

左腳向斜前方上步，全腳掌著地，大腿屈膝下蹲；右腳隨之跟步，前腳掌著地，腳跟提起，大腿屈曲下跪，兩腿成右跪步；同時，兩臂向身體兩側上下伸展，兩臂略屈，右手向後側畫弧格擋，拳心朝向斜下方；左臂屈曲向上架出，拳心朝斜上方，與頭同高；雙目向右平視（圖2-23）。

圖 2-21

圖 2-22

圖 2-23

接著，按上述動作要領反覆進行練習，惟有方向相反（下同）。

【收勢動作】

身體正直朝前，兩腳併攏站立，腳尖朝前，直腿挺膝；左拳向側方沖出，手臂伸直；右手成掌，護守於右胸前，手臂屈曲；目視左側方（圖2-24）。

【要點】

轉身迅速靈敏，圓活自然。彈踢疾速凶狠，支撐腳牢固，重心平穩。劈砸須圓活自如、連貫協調。沖拳要擰腰順肩，沉肩墜肘，快速有力，臂略屈曲。動作協調乾脆，快發快收，一氣呵成。

圖2-24

第四路 架 打

【動作說明】

身體疾速右轉，左腳向前方上步，腳尖朝前，大腿屈曲下蹲接近水平；右腳尖內扣 45°，挺膝蹬直，全腳掌著地，雙腿成左弓步；同時，右臂屈曲向頭上方架出，拳心朝斜上方；左拳經腰間向前方沖出，力達拳面，與胸同高，拳心朝下；目視前方（圖 2-25）。

圖 2-25

　　承上勢。兩腳用力蹬地騰空躍起，身體向左翻轉180°，下落後左腿屈膝下蹲；右腿挺仆伸直，全腳掌著地，成右仆步；同時，雙臂於體前逆時針畫弧，然後左臂屈曲收於腰間，拳心朝上；右臂向下方砸出，拳略低於襠，拳心朝前；目右平視（圖2-26）。

　　接著，身體起立，並向右轉動；兩腳亦隨之右轉，腳尖朝前，右腿向前弓，大腿屈蹲近於水平；左腿挺膝繃直，腳尖內扣45°，兩腳全腳掌著地，雙腿成右弓步；同時，右臂屈曲向上架出，拳心朝斜上方；左拳向前沖出，力達拳面，與胸同高，拳心朝下；目視前方（圖2-27）。

圖2-26

圖 2-27

　　身體略向右轉，右腿屈膝而立，支撐重心，五趾抓地；左腳快速提起向前彈踢，腳面繃平，力達腳尖，高不過膝；右臂收於腰間，拳心朝上；左臂在體前按逆時針方向畫圓砸於襠前，手臂伸直，拳心向前；目視前方（圖2-28）。

　　接著，左腳向前上步，大腿挺膝蹬直，腳尖外撇45°；右腳經左腳向前上步，腳尖朝前，大腿屈蹲，雙腿成右弓步；同時，身體快速後轉，左臂屈曲向上架出，拳心朝斜上方；右拳向前沖出，力達拳面，與胸同高，拳心朝下；目視前方（圖2-29）。

　　按上述動作左右反覆進行練習。

圖 2-28

圖 2-29

【收勢動作】

身體正直朝前，兩腳併攏站立，腳尖朝前，直腿挺膝；右拳向側方沖出，手臂伸直；左手成掌，護守於右胸前，手臂屈曲；目視右側方（圖2-30）。

【要點】

頭正身直，挺胸塌腰。跳躍要輕靈，落地須平穩。沖拳、上架同時進行，周身協調一致，連貫一氣。彈踢要快發快收，乾淨俐落。

圖 2-30

第五路　轉　滑

【動作說明】

身體左轉，左腳向左前上步，腳尖朝前，大腿屈曲接近水平；右腿挺膝伸直，兩腿成左弓步；左手向外弧形摟出後，收於腰間，拳心朝上；右拳經腰間向前沖出，力達拳面，與胸同高，拳心朝下；目視前方（圖2-31）。

圖2-31

上勢不停。左腿挺膝直立，左腳支撐重心，全腳掌著地踏實；右腳快速向前彈出，腳面繃平，力達腳尖，與襠同高；同時，左拳向前沖出，力達拳面，拳心朝下；右拳收於腰間，拳心向上；目視前方（圖2-32）。

　　接著，左腳活步，腳尖朝前，大腿屈曲蹲平；右腳向後撤步，大腿挺直，腳尖外撇45°，兩腳皆踏實，兩腿成左弓步；同時，擰腰順肩，右拳向前沖出，力達拳面，拳心朝下；左拳收於腰間，拳心向上；目視前方（圖2-33）。

圖 2-32

圖 2-33

　　身體疾速右轉，右腳經左腳向後插步，腳尖內扣
45°，大腿蹬直；左腳尖朝前，大腿屈曲前弓，兩腿成右
弓步；同時，右手變掌，向右畫弧形摟出，經腰間向前
推出，掌指朝上，力達掌外沿，掌與胸高；左拳變勾
手，向後側方伸出，與肩同高；目視前方（圖 2-34）。

　　接著，身體向後轉，右腿屈曲蹲平，腳尖朝前；左
腿挺膝伸直，兩腿成右弓步；右臂外摟，收於腰間，拳
心朝上；左拳經腰間向前沖出，力達拳面，與胸同高，
拳心朝下（圖 2-35）。

　　按上述動作左右反覆進行練習。

　　【收勢動作】

　　身體正直朝前，兩腳併攏站立，腳尖朝前，直腿挺
膝；左拳向側方沖出，手臂伸直；右手成掌，護守於左

圖 2-34

圖 2-35

胸前，手臂屈曲；目視左側方（圖2-36）。

【要點】

身正頸直，挺胸塌腰。摟手要快速、柔和。沖拳時要擰腰順肩，力達拳面。彈踢速度要快，一氣呵成。周身協調，步法連貫，步型標準。

第六路　連　環

【動作說明】

身體左轉，左腳向前上步，腳尖朝前，大腿屈曲前弓；右腿挺膝伸直，兩腿成左弓步；左臂屈曲，停護於左耳旁，前臂外擰，拳心斜朝外；右掌變拳，經腰間向前急速擊出，力達拳面，與胸同高，拳心朝下；目視前方（圖2-37、圖2-37附圖）。

圖2-36

圖 2-37

圖 2-37 附圖

接上勢。兩腿弓步不動；左手收於腰間，拳心朝上，右手在體前按順時針方向外畫圈反砸，手臂伸直停於襠前，拳心斜向前上方；同時，左腿略屈，以左腳支撐重心，右腳向前猛彈擊，腳面繃平，力達腳尖，腳高不能超過襠部；目視前方（圖2-38）。

身體重心向前移，右腳上步踏實，腳尖朝前，大腿屈曲蹲平；左腿挺膝蹬直，雙腿成右弓步；同時，左手收於腰間不動，拳心朝上；右拳經腰間向前迅速出擊，力達拳面，與胸同高，拳心朝下（圖2-39）。

緊接著，身體略右轉，右臂屈曲，停護於右耳旁，前臂外擰，拳心斜朝外；左拳從腰間向前快速沖出，力達拳面，與胸同高，拳心朝下；目視前方（圖2-40）。

按上述動作左右反覆進行練習。

圖2-38

圖 2-39

圖 2-40

【收勢動作】

身體正直朝前，兩腳併攏站立，腳尖朝前，直腿挺膝；右拳向側方沖出，手臂伸直，左手成掌，護守於右胸前，手臂屈曲；目視右側方（圖2-41）。

【要點】

身活體靈，步穩架實，整體協調和順，動作剛柔相濟。護守之手臂要鬆軟有度，剛柔相濟，不可出現僵硬或鬆懈的現象。沖拳要擰腰順肩，快速凶猛。動作乾脆俐落，一氣呵成。

圖 2-41

第七路　勾　掛

【動作說明】

　　身體左轉，左腳向前邁出一步，腳尖朝前，大腿屈曲前弓；右腿挺膝伸直，兩腿成左弓步；左臂微屈向外摟出，收於腰間，拳心朝上；右拳經腰間向前方擊出，力達拳面，與胸同高，拳心朝下；目視前方（圖2-42）。

圖 2-42

上勢不停。右手在體前按順時針方向畫圈反砸，手臂微屈，停於襠前，拳心斜向前上方；左手不動；同時，左腿微屈而立，支撐重心，五趾抓地；右腳迅速提起向前彈踢，腳面繃平，力達腳尖，高不過襠；目視前方（圖2-43）。

圖2-43

身體重心落於兩腿中間，雙腳平行踏實，腳尖朝前，大腿屈曲接近水平，兩腿成馬步；左手不動，拳心朝上；右拳經腰間向側方沖出，力達拳面，與胸同高，拳心朝下；目視右方（圖2-44）。

圖 2-44

接上勢，身體快速右轉，右手向外畫弧摟出後收於腰間，拳心朝上；左拳向前打出，力達拳面，與胸同高，拳心朝下（圖2-45）。

圖 2-45

然後，左手在體前按逆時針方向畫圈反砸於襠前，手臂微屈，拳心向斜前方；右拳在腰間不動；同時，以右腳支撐重心，五趾抓地，大腿微屈；左腳快速向前彈踢，腳面繃平，力達腳尖，高不過襠（圖2-46）。

圖 2-46

身體重心落於兩腿中間，大腿屈曲接近水平，雙腳平行，五趾抓地，腳尖朝前，兩腿成馬步；右拳不動，拳心朝上；左拳向左側沖出，拳心朝下，力達拳面，與胸同高；目視左方（圖2-47）。

圖 2-47

接上勢。身體向左轉動，左腳外撇，腳掌著地，以左腿支撐重心，右腳疾速提起，裡合勾掛畫圈後猛向右踹出，腳尖內勾，力達腳跟；同時，左臂屈曲於左上方防護，前臂外擰，拳心斜朝外；右手以肩關節為軸在體前畫弧，護於體側，拳心朝斜下方；目視右前方（圖2-48）。接著，身體以腰為軸，快速向右旋擰，右腳外撇，以右腿支撐重心；左腳疾速提起，裡合勾掛畫圈後猛向左踹出，腳尖內勾，力達腳跟；同時，右臂屈曲於右上方防護，前臂外擰，拳心斜朝外；左手以肩關節為軸在體前畫弧，護於體側，拳心朝斜下方；目視左方（圖2-49）。

圖 2-48

圖 2-49

身體向左轉 90°，左腳向前落步，腳尖朝前，大腿屈曲；右腿挺膝伸直，兩腿成左弓步；左拳收於腰間，拳心朝上；右拳經腰間向右側沖出，力達拳面，與胸同高，拳心朝下（圖 2-50）。

右腳經左腳向前上步，腳尖朝前，大腿屈曲；左腿挺膝伸直，兩腿成右弓步；右臂微屈向外弧形摟出，收於腰間，拳心朝上；左拳經腰間向前方沖出，力達拳面，與胸同高，拳心朝下；目視前方（圖 2-51）。

按上述動作左右反覆進行練習。

圖 2-50

圖 2-51

【收勢動作】

身體正直朝前，兩腳併攏站立，腳尖朝前，直腿挺膝；左拳向側方沖出，手臂伸直；右拳變掌，護守於右胸前，手臂屈曲；目視左側方（圖2-52）。

【要求】

頭正身直，腰活體順，摟手柔中有剛，沖拳快捷凶猛，摟、沖同時進行，連貫自如，協調一致。勾掛要疾速，踹腿要凶狠，以達一擊必殺之效。

圖 2-52

第八路 穿 撩

【動作說明】

身體疾速向左轉身，左腳向前上步，大腿屈曲前弓，腳尖朝前；右腳尖內扣45°，直腿挺膝，雙腿成左弓步；同時，左手變掌，向前穿擊，力達指梢，掌心朝上；右手變鈎手，鈎尖朝下，直臂後伸；目視前方（圖2-53）。

圖 2-53

承上式。身體重心後移，右腿屈曲下蹲，大腿與小腿相貼靠；同時左腿挺膝直伸，腳尖內扣，兩腳成左仆步；左臂屈曲回收於胸前，掌指朝上，掌心向右；右臂側伸不動；目視左前方（圖2-54）。

接著，身體迅速提起，重心前移，左腿前弓，右腿挺膝蹬直，雙腿成左弓步；同時，左手變鈎手，向後摟出，鈎尖朝上；右鈎手變掌，向前撩出，掌指斜向下，力達掌根，與胸同高；眼視右掌（圖2-55）。

重心移至左腳，腳尖略外撇，全腳掌著地，大腿略屈，支撐身體重心；右腿屈膝提起，以腳尖為力點向前

圖 2-54

圖 2-55

彈踢，腳面繃直，高不過膝；同時，左手變拳，收於腰間，拳心朝上；右手在體前按順時針方向於襠前畫圓，手臂伸直，手變成拳，拳心向前；目視前方（圖2-56）。

　　承上勢。右腳向前方落步踏實，大腿屈膝弓平，腳尖朝前，左腿挺膝蹬直，兩腳掌著地，雙腿成右弓步；同時，右拳成掌，直接向前穿出，力達指梢，掌心朝上；左臂向後直伸，手成鈎手，鈎尖朝下，與肩同高；目視前方（圖2-57）。

　　按上述動作左右反覆進行練習。

圖 2-56

圖 2-57

【收勢動作】

身體正直朝前，兩腳併攏站立，腳尖朝前，直腿挺膝；右拳向側方沖出，手臂伸直；左手成掌，護守於右胸前，手臂屈曲；目視右側方（圖 2-58）。

【要點】

身體中正安舒，挺胸塌腰，沉肩墜肘。重心轉換要活，步型正確標準，五趾抓地，架穩式牢。撩掌時擰腰順肩，催肘達手，疾速有力，內外相合，周身協調一致。

圖 2-58

第九路　推　山

【動作說明】

身體向左轉身 90°，左腳向左邁出一步，全腳掌著地，雙腿屈曲下蹲；右腳緊靠左腳弓處，腳尖點地，成丁步；同時，兩臂屈曲於體前交叉，兩手掌指朝上，與胸同高；目視前方（圖 2-59）。

圖 2-59

左腳支撐重心；右腳迅速提起，以腳尖為力點向前彈踢；同時，雙掌變鈎手，向後摟出，直臂屈腕，鈎尖朝上；目視前方（圖2-60）。

圖 2-60

右腳向前落步踏實，大腿弓平；左腿挺膝蹬直，兩腿成右弓步；同時，兩鉤手變掌，經腰間向前推出，掌指朝上，力達掌外沿；目視前方（圖2-61）。

圖 2-61

右腳向前活步；左腳上步，緊靠右腳腳弓處，腳尖點地，雙腿屈曲下蹲，成丁步；同時，兩臂屈曲於體前交叉，兩手掌指朝上，與胸同高；目視前方（圖2-62）。

按上述動作左右反覆進行練習。

圖 2-62

【收勢動作】

身體正直朝前，兩腳併攏站立，腳尖朝前，直腿挺膝，左拳向側方沖出，手臂伸直，右手成掌，護守於右胸前，手臂屈曲；目視右側方（圖2-63）。

【要點】

上步快捷，重心安穩。鈎手柔中帶剛，推掌應擰腰順肩，乾淨俐落，運用整體之力，不可拖泥帶水。彈踢疾速凶猛，氣貫腳尖。

圖 2-63

第十路　箭　彈

【動作說明】

身體左轉，左腳向前邁出一步，腳尖朝前，大腿屈曲蹲平；右腿挺膝伸直，兩腿成左弓步；同時，左手向外摟手，屈臂收於腰間，拳心朝上；右拳經腰間向前打出，力達拳面，與胸同高，拳心朝下（圖2-64）。

圖 2-64

上勢不停。身體重心移至左腳，挺膝直立；右腳快速向前彈出，腳面繃平，力達腳尖，與襠同高；同時，右手收於腰間，拳心朝上；左拳從腰間向前沖出，力達拳面，與胸同高，拳心朝下（圖2-65）。

圖2-65

右腳向前落步，左腿迅速屈曲提起，身體騰空而起，右腳蹬地朝前彈踢；同時，左手收於腰間後再向前沖出，拳心朝上；右拳向前沖出後再收於腰間，拳心朝下（圖2-66）。

右腳向前落步踏實，腳尖朝前，大腿屈曲蹲平；左腿挺膝伸直，兩腿成右弓步；左臂屈曲收於腰間，拳心朝上；右拳向前打出，力達拳面，與胸同高，拳心朝下（圖2-67）。然後，右拳收於腰間；拳心朝上；左拳從腰間向前打出，力達拳面，與胸同高，拳心朝下；目視前方（圖2-68）。

按上述動作左右反覆進行練習。

圖2-66

圖 2-67

圖 2-68

【收勢動作】

身體正直朝前，兩腳併攏站立，腳尖朝前，直腿挺膝；右拳向側方沖出，手臂伸直；左手成掌，護守於右胸前，手臂屈曲；目視右側方（圖2-69）。

圖2-69

兩臂自然下垂於體側，雙手中指緊貼於褲線上；目視前方（圖 2-70）。

【要點】

沖拳時擰腰順肩，乾脆有力，力達拳面，拳與胸同高。騰空要高、輕，落地要穩健。彈踢快捷俐落，勢猛勁道。周身和順、上下一致。收勢動作要緩慢，呼吸均勻，意氣統一，精神內斂，氣沉丹田。

圖 2-70

第三節 少林飛龍拳動作圖解

一、少林飛龍拳動作名稱

預備勢

第 一 式　童子拜佛

第 二 式　二郎擔山

第 三 式　獨蛇出洞

第 四 式　龍虎相交

第 五 式　鐵門栓勢

第 六 式　瞻望前程

第 七 式　二龍戲珠

第 八 式　順風扯旗

第 九 式　豹子抖威

第 十 式　餓虎尋食

第十一式　猛虎掃尾

第十二式　鳴鑼開道

第十三式　靈猿入洞

第 十 四 式　浪子回頭

第 十 五 式　連環炮捶

第 十 六 式　連環炮捶

第 十 七 式　羅漢護身

第 十 八 式　烏龍攪水

第 十九 式　青龍騰雲

第 二十 式　順風扛旗

第二十一式　騰空飛腳

第二十二式　蝙蝠落地

第二十三式　羅漢撞鐘

第二十四式　狂風掃柳

第二十五式　蛟龍入海

第二十六式　金雞獨立

第二十七式　飛龍升空

第二十八式　獨蛇出洞

第二十九式　羅漢拜佛

第 三十 式　雷鳴電閃

第三十一式　羅漢跨虎

第三十二式　金剛上殿

第三十三式　青龍含珠

第三十四式　烏龍尋寶

第三十五式　旋風飛腳

第三十六式　羅漢伏虎

二、少林飛龍拳動作圖解

預備勢

身體正直，兩腿直立併攏，腳尖朝前站立，全腳掌著地；雙臂自然下垂於身體兩側，手心向內貼靠在大腿外側，兩手的中指放於褲縫處，掌指朝下；自然呼吸，眼向前平視（圖3-1）。

【要求】

頭正肩平，氣沉丹田，心澄目潔，精神集中。

圖 3-1

第一式　童子拜佛

接上勢。雙腿直立不動；兩手於體側緩緩外展上抬，回收於胸前，雙手指尖朝上，掌心相貼，在體前合於十字，頭正身直，兩臂屈曲於體前；目視前方（圖 3-2）。

【要求】

動作柔和緩慢，周身自然放鬆。呼吸匀長細深，以意行氣。

圖 3-2

第二式　二郎擔山

接上勢。左腿往左側邁一小步，右腳站立不動，兩腳平行，距離與肩同寬，全腳掌著地，腳尖朝前；同時，兩手疾速運動，右手向外順時針方向畫弧，經腰間向前穿出，掌心朝上，力達掌指；左手按逆時針方向畫弧後屈曲收於腰間，掌心朝上（圖3-3）。

圖 3-3

右腳支撐體重站立不動；左腿屈曲向上提起，腳面繃直；同時，左手向側方伸出，手成鈎手，鈎尖朝下，與肩同高；右臂屈曲架於頭上方，掌指朝斜前方；目視前方（圖3-4）。

【要求】

　　站立安穩，根基紮實。穿擊快速有力，勇猛潑辣，勁力沉實。動作圓活連貫，上下協調一致。

圖 3-4

第三式　獨蛇出洞

接上勢。右腳不動，大腿屈曲下蹲，臀部接近於小腿處；左腿向左側方挺出伸直，腳掌著地，兩腿成左仆步；右臂屈曲收於腰間，拳心朝上；左臂屈曲回收，左勾手變掌於右胸前防護；眼視左方（圖3-5）。

圖3-5

身體重心前移至左腳，腳尖朝前，大腿屈曲下蹲接近於水平；右腿挺膝伸直，腳尖內扣45°，兩腳全腳掌著地，兩腿成左弓步；同時，左手向外摟抓，收於腰間變成拳，拳心朝上；右拳用力向前沖出；頭正身直，目視前方（圖3-6）。

【要點】

重心要穩，姿勢要標準。沖拳時要擰腰順肩，力達於拳面。動作連貫自如，上下協調，周身完整一氣。

圖3-6

第四式　龍虎相交

接上勢。頭正身直，重心左移；左腿挺膝伸直，腳站立不動，全腳掌著地；右腳向前快速彈出，腳面繃直，力達於腳尖；同時，右拳回收於腰間，拳心朝上；左拳向前沖出，力達於拳面，高與胸平；目視前方（圖3-7）。

承上勢。左腳不動，大腿屈曲前弓；右腳向後挺膝直腿伸出，全腳掌著地，兩腿成左弓步；同時，右拳向前沖出，拳心朝下，與胸同高；左拳收於腰間，拳心朝上；目視前方（圖3-8）。

圖 3-7

圖 3-8

【要點】

支撐腳要五趾抓地，重心要安穩。彈踢與沖拳協調一致，同時做出，擰腰順肩，勢猛勁遒。動作轉換要快，技法要連貫。

第五式　鐵門栓勢

接上勢。頭正身直，重心後移至右腳，全腳掌著地；左腳尖點地，腳跟提起，兩腿屈曲下蹲成左虛步；同時，右臂屈曲回收；左拳向前上方鑽出，兩臂要曲而不曲，直而不直，拳心皆朝內，拳面斜向上；目視前方（圖 3-9）。

圖 3-9

【要點】

重心須平穩，姿勢要標準，勁力要充足，周身協調放鬆，不許有斷節僵硬的現象出現。周身防護要嚴密，氣勢雄偉。

第六式　瞻望前程

接上勢。身體疾速上起，右腳站立不動，左腿屈曲提膝，腳尖內扣護襠；同時，左拳向上鑽起；右拳臂在體前成逆時針運動，向外進行格擋（圖3-10）。

接著，左腳向前落步，屈腿弓膝接近於水平，腳尖朝前，全腳掌著地；右腿挺膝蹬直，腳尖內扣45°，兩腿成左弓步；同時，左拳向前方沖出；右拳收於腰間，拳心朝上；目視前方（圖3-11）。

圖 3-10

圖 3-11

【要點】

支撐腳站立要穩，五趾抓地要牢。提膝快速果斷，落步紮實、輕靈。格擋圓滑順遂，沖拳勇猛、乾脆，意氣力相合。

第七式　二龍戲珠

接上勢。身體正直朝前，兩腳成弓步不動；同時，左拳變掌，屈臂回收於右腋下，掌心朝下；右手變成劍指，經左臂上方向前快速插出，力達指尖；目視前方（圖3-12）。

承上動。身體迅速向左側傾斜，重心前移，左腿挺膝伸直支撐體重；右腿屈膝向左上方提起頂出；兩手變成鷹爪，往後下方拉拽；目視雙手（圖3-13）。

圖 3-12

圖 3-13

【要點】

支撐腳站立要穩，五趾抓地要牢。收臂與插指要同時進行，力足而順，擰腰發力。拉拽與頂膝同時進行，動作凶猛，一氣呵成。

第八式　順風扯旗

接上勢。身體猛向左轉，重心下降，左大腿屈曲下蹲，全腳掌著地；右腳前腳掌著地，腳跟提起，兩腿成右跪步；同時，左手變掌，緊握右手腕部；右手為拳，兩臂屈曲於體前，向下砸肘，力達於肘尖；目視前方（圖 3-14、圖 3-14 附圖）。

【要點】

重心變換要快，掌握好平衡。技法連貫，周身協

圖 3-14

圖 3-14 附圖

調，要以腰發力，以意行氣，以氣催力。動作要凶狠，連貫、自如。

第九式　豹子抖威

接上勢。身體略起，以腰為軸向右轉，左腳腳尖內扣 45°，右腳腳尖朝前，兩腳全腳掌著地，兩腿屈曲下蹲接近於水平，兩腿成半馬步；同時，右臂向右方掄掃，力達於拳面，臂要曲而不曲、直而不直，與胸同高，拳眼朝上；左臂屈曲，左掌護於右胸前，拳心朝外，拳指朝上；目視前方（圖 3-15）。

【要點】

動作快捷、連貫，氣勢雄偉，重心穩固。掄臂時要以腰發勁，猶如鞭子一樣甩出，力猛勁道。

圖 3-15

第十式　餓虎尋食

接上勢。左腳經右腳向前上步，全腳掌著地；右腳自然跟進，前腳掌著地，腳跟提起，雙腿屈曲下蹲成右跪步；左手從右臂下疾速穿出並向外格擋；右手回收經腰間後變立拳再向前沖出；左手成立掌，附於右手臂內側，右拳與胸同高；目視前方（圖3-16）。

接著，身體略起，左腳支撐體重，大腿微屈；右腳快速提起，以前腳掌為力點向前踢出寸腿；右手內旋後向前反砸，拳心朝上，拳與鼻同高；左掌翻上，附於右前臂下；目視前方（圖3-17）。

圖3-16

圖 3-17

【要點】

步法靈活連貫，重心穩固。格擋柔和自然，姿勢舒展。沖拳時擰腰順肩，力達拳面。腿法乾淨俐落，凶狠猛烈，手腳齊出，動作要快、準、狠，一氣呵成。

第十一式　猛虎掃尾

接上勢。身體略向右側傾斜，以右腳支撐體重，大腿微屈；左腿疾速提起向右勾踢而出，挺膝直腿，腳尖內勾；雙臂微屈向左掄掃；目視前方（圖 3-18）。

上動不停。左腳向側上方踹出，右腳不動；右臂於體前屈曲防護；左臂向上自然擺動，兩拳心朝下；目視前方（圖 3-19）。

圖 3–18

圖 3–19

【要點】

身手靈活快捷，勁力圓整。支撐腳要五趾抓地，掌握好重心平衡。勾踢快捷俐落，並與踹腿相連接，不可脫節。動作連貫自然，一氣呵成。

第十二式　鳴鑼開道

接上勢。左腳向前落步，全腳掌著地，腳尖朝前，大腿屈膝前弓接近於水平；右腿挺直，腳尖內扣45°，兩腳腳掌著地，雙腿成左弓步；同時，兩手變掌，左掌屈曲回收於右腋下，掌心向下；右手成立掌，快速向前插出，與咽喉同高，力達指尖；目視前方（圖3-20）。

上動不停。左腳支撐體重，大腿略屈下蹲；右腳快速提起，以腳掌為力點向前進行截踢；同時，左臂屈曲

圖 3-20

向上架起，掌心朝前；右手變拳，回收於腰間，拳心朝上；目視前方（圖3-21）。

【要點】

頭頂項豎，挺胸沉肩，意氣合一。插掌要力猛勁足，刁鑽凶狠，乾脆俐落，力達指梢，防護要嚴密。步型準確，腳趾抓地，重心安穩。架踢與收拳協調一致，同時進行。動作嚴密緊湊，攻而不失，防而不漏。

第十三式　靈猿入洞

接上勢。頭正身直，右腳向前落步，全腳掌著地；左腳跟進，前腳掌著地，腳跟略提起，雙腿微屈；同時，右臂於體前屈曲，往外進行弧形格擋（圖3-22）。

接著，左腳經右腳再向前進一步，全腳掌著地；右

圖 3-21

圖 3-22

腳自然跟進，前腳掌著地，腳跟提起，雙腿屈曲下蹲成右跪步；左拳向頭上方屈曲架起，右拳向前下方沖出；目視右拳（圖 3-23）。

【要點】

格擋及時連貫，柔和自然。進步靈活敏捷，重心安穩。運動時以腰為軸，順肩墜肘，柔中有剛，剛中寓柔。

第十四式　浪子回頭

接上勢。身體疾速右轉，雙腿屈曲下蹲，左腳支撐體重，全腳掌著地，腳尖外撇 45°；右腳前伸，腳尖點地，腳跟提起，兩腿成右虛步；兩手隨著身體的轉動而向後上方撩起，臂屈曲，右手在前，左手附於右肘內側，雙拳拳心朝下；目視前方（圖 3-24）。

圖 3-23

圖 3-24

【要點】

轉身快捷靈活。步型準確，腳趾抓地，重心安穩。
動作連貫自然，一氣呵成，氣勢雄偉。

第十五式　連環炮捶

接上勢。身體重心前移，左腳提起，於右腳內側震腳；右腳隨之順勢前落，雙腿屈曲下蹲成半馬步；同時，左臂屈曲收於腰間，拳心朝上；右拳變掌，於體前向下蓋壓，掌心朝下，掌指斜向前方，與胸同高；目視右掌（圖3-25）。

接著，右腳向前活步，腳尖向前，全腳掌著地，屈膝前弓，大腿接近於水平；左腳尖內扣45°，直腿挺膝，兩腿成右弓步；右掌變拳收於腰間，拳心朝上；左拳向前方打出（圖3-26）。

承上勢。身體迅速左轉，兩腳自然活步，雙腳平行，腳尖朝前，兩腿屈曲下蹲成馬步；左臂屈曲收於腰

圖 3-25

間，拳心朝上；右拳向側方打出，拳心朝下；目視前方
（圖 3-27）。

圖 3-26

圖 3-27

【要點】

身法敏捷圓活，技法連貫。蓋壓要快速及時，沖拳應擰腰順肩，力達拳面。周身協調一致，動作連貫自如，一氣呵成。

第十六式　連環炮捶

接上勢。身體疾速右轉，右腳向後提起，在左腳內側震腳；左腳隨之順勢前落，雙腿屈曲下蹲成半馬步；同時，右手順時針畫弧後收於腰間，拳心朝上；左拳變掌，向前下方蓋壓，掌心朝下，臂曲而不曲、直而不直；目視左掌（圖3-28）。

接著，左腳向前邁出落步，大腿屈膝前弓接近於水平，腳尖向前，全腳掌著地；右大腿挺膝蹬直，腳尖內

圖3-28

扣 45°，兩腿成左弓步；左掌變拳收於腰間；右拳向前
方沖出；目視左方（圖 3-29）。

承上勢。身體右轉 90°，雙腳平行，全腳掌著地，
腳尖朝前，兩腿屈曲下蹲成馬步；右臂屈曲收於腰間，
拳心朝上；左拳向左側打出，拳面朝上；目視左方（圖
3-30）。

【要點】

轉身迅速圓活，靈活敏捷。防護要及時，沖拳要連
貫凶狠，力達拳面。動作乾淨俐落，瀟灑自如，一氣呵
成。

第十七式　羅漢護身

接上勢。身體略向左轉，重心後移至右腳，大腿屈

圖 3-29

圖 3-30

曲下蹲，右腳全腳掌著地，腳尖外撇 45°；左腳尖點地，腳跟提起，雙腿成左虛步；左臂不動，右臂屈曲前伸護於左肘處，雙拳變掌，掌指朝上；目視前方（圖 3-31）。

【要點】

右腳趾要抓地，重心平穩。手法嚴密，動作自如，周身舒適。

第十八式　烏龍攪水

接上勢。身體重心前移，右腳經左腳向前邁進一步，右腿屈膝前弓接近水平，腳尖向前，全腳掌著地；左腿挺膝伸直，腳尖內扣 45°，兩腿成右弓步；兩掌回

收腰間後，右掌成拳，與左掌同時向前運動，以右前臂
為力點向裡橫掃，右拳拳心朝上；左掌迎擊右前臂；目
視前方（圖3-32）。

圖3-31

圖3-32

承上勢。步型不動；右臂屈曲收於腰間後向前打出，拳心朝下，左臂微屈前伸，掌指立起，防護於右肘內側；目視前方（圖 3-33）。

【要點】

上步快捷圓活，身穩步實。手法靈活，周身勁整。心神合一，精力集中。

第十九式　青龍騰雲

接上勢。身體左轉 90°，雙腳自然活步平行，腳尖朝前，兩腿屈曲下蹲成馬步；左手握拳收於腰間，拳心朝上；右臂以肩關節為軸，由上向下砸擊，力達前臂，拳心斜朝上（圖 3-34）。

接著，身體疾速右轉 180°，雙腳用力蹬地騰空跳起，落地後兩腿成馬步；同時，右臂屈曲架於頭頂上

圖 3-33

方，拳眼朝下，拳心向前；左拳從腰間向左方快速打出，拳心朝下，拳同胸高；目視左方（圖3-35）。

圖 3-34

圖 3-35

【要點】

勢正招圓，技法靈活，騰躍要高，落步牢固。砸擊有力，勁道勢猛。架打合一，技法連貫自如。

第二十式　順風扛旗

接上勢。身體左轉，左腳向前活步，大腿挺膝伸直，腳尖內扣45°；右腳經左腳向前邁進一步，大腿屈膝接近水平，腳尖朝前，兩腳全腳掌著地，雙腿成右弓步；同時，兩拳變掌，左臂微屈置於體前，掌心朝上；右掌經左掌上方向前穿出，直臂挺腕，掌心向上，力貫掌指，高與胸平；目視右掌（圖3-36）。

圖3-36

身體迅速起立，重心向前移動，以右腳支撐體重，大腿挺膝直立；左腳屈曲提起，腳尖內扣護於襠前；同時，右臂屈曲向上架起，隨之屈腕亮掌；左臂側伸，掌變勾手，頭向左轉；目視左方（圖3-37）。

　　【要點】

　　上步快捷，落步五趾抓地，穩如盤石。穿掌疾速凶狠，以意發力，力達指梢。身體自然中正，沉肩墜肘。

第二十一式　騰空飛腳

　　接上勢。左腳前落，全腳掌著地；右腳經左腳向前邁步，身體順勢騰空躍起，左腿屈膝提起，右腳快速向前彈踢；同時，左勾手變掌，直臂側伸，掌心朝下；右手向下拍擊右腳腳面；目視前方（圖3-38）。

圖3-37

圖 3-38

【要點】

周身輕靈，技法自然。上步快速穩健，重心平穩。動作要高、飄、美、響，上下協調，完整一氣。

第二十二式　蝙蝠落地

接上勢。左腳先落下著地，大腿側伸仆平；接著右腳向前邁出一大步落地，兩腳全腳掌踏實，大腿屈曲下蹲，兩腿成左仆步；同時，雙手以掌心為力點，由體前向下拍擊地面，前臂略屈，手指略朝前；目視左方（圖3-39）。

【要點】

頭正身直，架安式穩，沉肩墜肘，收臀斂髖。重心牢固，腳趾抓地。動作連貫自然、協調一致。

圖 3-39

第二十三式　羅漢撞鐘

接上勢。身體快速起立，重心移至左腳，左腳不動；右腳向左腳後插步，前腳掌著地，腳跟提起，兩腿屈曲下蹲成右歇步；同時，雙手以肩關節為軸向外環繞，於胸前交叉，頭向左轉；目視左前方（圖 3-40）

承上勢。身體起立略向右側傾，以右腳為中心支撐體重，大腿挺膝伸直，全腳掌著地；左腳疾速提起向左側方踹出，力達腳掌，腳與頭同高；同時，雙手向兩側伸展，左高右低，掌心朝外；目視左方（圖 3-41）。

【要點】

身體側傾要適中，不可太過，掌握好重心平衡。支撐腳要牢，踹腿要快捷、凶猛，乾脆俐落。姿勢要標

圖 3-40

圖 3-41

準，精氣神足，周身協調一致。

第二十四式　狂風掃柳

接上勢。身體右轉，左腳隨之順勢向右落步；右腳自然活步，雙腿成半馬步；同時，兩臂於體前屈曲防護，雙掌變拳（圖3-42）。

接著，身體快速向右旋轉，右腳經左腳向後退一步，腳尖朝前，兩腳平行，全腳掌著地，距離與肩等寬，雙腿屈曲下蹲成馬步；同時，左臂略屈，回收於右胸前，掌指朝上，手心向外；右手向後掄擊，力達拳面，與胸同高；眼向右平視（圖3-43）。

【要點】

身法靈活敏捷，變化圓活。步法快捷、穩健，站如磐石。掄擊時要以腰為樞紐，發力具有渾圓之勢。

圖 3-42

圖 3-43

第二十五式　蛟龍入海

接上勢。身體突然向左轉動，左腳腳尖朝前，大腿屈曲下蹲接近水平；右腳腳尖內扣45°，大腿挺膝蹬直，雙腳全腳掌著地，兩腿成左弓步；同時，右前臂屈曲，豎直向內格擋，拳面朝上，掌心向內，高與鼻平；左手附於右肘內側，掌心斜向下；眼視右臂（圖3-44）。

接著，身體以腰為軸快速右轉，重心降低；左腿屈曲下蹲，大腿與小腿相貼靠；右腿向側方挺直平伸，腳尖內扣，兩腳全腳掌著地，成右仆步；左手經右前臂向斜上方鑽出，右掌朝下方穿出，雙手立掌，頭向右轉；目視右掌（圖3-45）。

圖 3-44

圖 3-45

【要點】

身正體直，沉肩垂肘，挺胸斂臀。步安勢穩，五趾抓地須牢固。穿掌要以意發力，力貫指梢。精神集中，技法快速敏捷。

第二十六式　金雞獨立

接上勢。身體上起，重心前移，兩腳全腳掌著地，左腿挺膝伸直，右大腿屈膝前弓接近於水平，兩腿成右弓步；同時，右掌向前抬起，臂伸直，掌指朝前；左臂不動，雙臂與肩同高；目視前方（圖3-46）。

接著，身體重心後移至左腳，右腿快速向上提起，膝過腰接近於胸部，腳尖內扣護襠；同時，右臂猛然屈曲下沉，回收於體前，掌指朝斜上方；左手變勾手，勾

圖 3-46

尖朝下；目視前方（圖3-47）。

【要點】

頭正身直，沉肩墜肘，意氣合一。支撐腳要五趾抓地，重心穩固，不得出現左右擺動之現象。動作敏捷圓活，自然流暢，氣勢雄渾，姿勢英武。

第二十七式　飛龍升空

接上勢。左腳向前落步，雙腳蹬地騰空躍起，兩腿屈曲上提；同時，左手變立掌，向前快速刺出；右臂屈曲於體前防護，掌指朝上；目視前方（圖3-48）。

承上勢。左腳先落地，然後右腳再著地落實，腳尖外擺45°，全腳掌著地；隨後左腳向前邁出，腳跟提起，腳尖點地，雙腿屈曲下蹲成左虛步；同時，左手變

圖3-47

勾手，向後摟掛；右掌朝前方推出，掌指朝上，力達掌外沿；頭向左轉，目視前方（圖3-49）。

圖 3-48

圖 3-49

【要點】

騰空要輕靈敏捷，自然舒展。落步穩健紮實，重心平穩。手法快捷有力，動作連貫俐落。

第二十八式　獨蛇出洞

接上勢。身體正直朝前，左腳向左側邁出一步，腳尖朝前，大腿屈曲下蹲接近於水平；右腿挺膝伸直，腳尖內扣 45°，兩腳全腳掌著地踏實，兩腿成左弓步；同時，左手向外摟抓後收於腰間變拳，拳心朝上；右拳經腰間向前用力沖出，力達拳面；目視前方（圖 3-50）。

【要點】

頭正頸直，鬆肩墜肘。重心要安穩，姿勢舒展大方。沖拳時要擰腰順肩，力猛勁實。動作連貫自如，協

圖 3-50

調一致。

第二十九式　羅漢拜佛

接上勢。身體微右轉，重心後移至右腳，全腳掌著地；左腳尖點地，腳跟提起，兩腿屈曲下蹲成左虛步；同時，左拳變掌，與右拳按順時針在體側掄繞一周，然後於體前防護；左手立掌在前，掌指朝上，右拳在後，附於左肘內側，拳心斜向下方，兩臂略屈曲；目視前方（圖 3-51）。

【要點】

步型標準穩健，五趾抓地要牢，重心安穩。掄臂要以腰為軸，自然圓活，勁力要深沉實足。

圖 3-51

第三十式　雷鳴電閃

接上勢。身體正直朝前，右腳快速向前上步，全腳掌著地，腳尖略外撇，支撐體重；左腿隨即屈曲提起，腳尖朝下護於襠前；雙手變拳，從兩側向內合擊，臂微屈，拳心朝內，與耳部同高；目視前方（圖3-52）。

接著，左腳向前落步，腳尖朝前，大腿屈曲下蹲接近水平；右腳腳尖內扣45°，雙腳全腳掌著地，大腿挺膝蹬直，兩腿成左弓步；同時，雙拳變掌，下落於左膝前相擊，掌指斜朝前下方，兩臂略屈；目視雙掌（圖3-53）。

圖 3-52

圖 3-53

【要點】

上步自然敏捷，支撐腿要五趾抓地，重心穩固。手擊快速有力，乾脆俐落。技法連貫，周身協調。

第三十一式　羅漢跨虎

接上勢。身體快速向右側轉，重心後移至右腳，全腳掌著地；左腳尖點地，腳跟提起，兩腿屈曲下蹲成左虛步；同時，左臂微屈內旋，左拳栽於左大腿上，拳心朝上；右拳收於腰間，拳心向上；目視左方（圖 3-54）。

【要點】

身體圓活，重心穩定，虛實分明。動作連貫俐落，上下協調，一氣呵成。

圖 3-54

第三十二式　金剛上殿

接上勢。左腳向前上步，大腿屈膝前弓接近於水平，腳尖朝前，全腳掌著地；右腿挺膝蹬直，腳尖內扣45°，兩腿成左弓步；同時，右臂屈曲向前盤擊，力達於肘；左手變掌，抓握右手腕部；右拳心朝下；眼向前平視（圖 3-55、圖 3-55 附圖）。

【要點】

步型標準，五趾抓地要牢，重心紮實。盤肘要疾速猛烈，發力沉穩，擰腰順肩，沉肩墜肘，含胸挺腰。

圖 3-55

圖 3-55 附圖

第三十三式　青龍含珠

接上勢。身體重心後移至右腳，腳趾抓地支撐體重；左腿屈膝向上提起，腳尖內扣護襠，腳面繃直；同時，雙臂於體側屈曲環抱，兩手成鷹爪，爪心相對，左爪與髖同高，右爪略過於肩；頭左轉，目視前方（圖3-56）。

【要點】

身體正直，挺胸沉肩。支撐腳要牢固，掌握好重心平衡。勁要順達渾厚，力貫指尖。動作疾速敏捷，連貫自如，氣勢雄偉。

圖 3-56

第三十四式 烏龍尋寶

接上勢。左腳向下落步，腳尖外擺 45°，大腿挺膝蹬直，右腳經左腳向前上一步，大腿屈膝前弓接近於水平，腳尖朝前，雙腳全腳掌著地，兩腿成右弓步；同時，右手以肩為軸，向前撩擊，力達指尖；左手內旋，手心朝下，附於右臂內側下方；目視前方（圖 3-57、圖 3-57 附圖）。

接著，身體重心快速後移，兩腳隨之自然活步，左腳尖外撇 45°；右腳腳尖朝前，雙腳全腳掌著地，雙腿屈曲下蹲成半馬步；同時，右手內旋畫圓向前蓋壓，臂略屈，指尖向下，與肩同高；左臂不動；眼向前平視（圖 3-58）。

圖 3-57

圖 3-57 附圖

圖 3-58

【要點】

頭正身直，沉肩垂肘，挺胸斂臀。重心平穩，根基牢固。撩擊、蓋壓時，勁力要整，力達指尖。動作迅速靈敏，乾脆俐落，虛實分明，一氣呵成。

第三十五式　旋風飛腳

接上勢。身體以腰為軸騰空左轉，雙腳快速用力蹬地躍起；左腿屈曲上提，腳尖回勾；右腿快速裡合；同時，兩手變掌，右手側擺，左手與右腳相擊；目視前方（圖3-59）。

【要求】

上步快捷靈活，起躍腿力量要足，騰空時動作應輕靈飄逸，自如協調。擺臂自然隨和，相擊要響亮。

圖 3-59

第三十六式　羅漢伏虎

接上勢。左右兩腳依次落地踏實，左腿挺膝伸直，腳尖內扣 45°，右腿屈膝前弓接近水平，腳尖朝右前方，兩腳全腳掌著地，雙腿成右弓步；同時，左掌下壓於小腹前，掌心朝下；右手從側方向上於頭上方亮掌，掌心向前，兩臂微屈；目視左方（圖3-60）。

【要求】

頭正身直，挺胸沉肩，裹膝合襠。落步敏捷穩健，重心紮實。下壓與亮掌同時進行，技法要柔和自然，柔中有剛，剛中寓柔。動作連貫俐落，周身協調，一氣呵成。

圖 3-60

收　勢

接上勢。身體正直朝前，重心移至右腳，以右腳支撐體重，全腳掌著地；左腳向後退一步，腳尖點地，腳跟提起；同時，兩手經腰間向前穿出，掌心朝上，掌指向前，與胸同高；目視前方（圖3-61）。

接著，重心移至左腳，以左腳支撐體重，全腳掌著地；右腳經左腳向後退步，腳尖點地，腳跟提起；同時，雙臂自然向下分擺於身體兩側，手心朝前，手指斜向下；目視右掌（圖3-62）。

左腳向後退步，與右腳併攏，兩腿直立，腳尖朝前，全腳掌著地；同時，雙臂慢慢回收於體前，兩手相合，掌指朝上；自然呼吸，眼向前平視（圖3-63）。

圖 3-61

圖 3-62

圖 3-63

圖 3-64

身體正直，兩腿直立；雙臂自然下垂於身體兩側，中指放於褲縫處，掌指朝下；自然呼吸，眼向前平視（圖3-64）。

【要求】

身體鬆舒，頭正肩平，沉肩墜肘。心澄目潔，精神集中，氣沉丹田。

第四節　少林飛龍拳實戰示例

技擊是武術的靈魂。少林飛龍拳以術為基，以功為本，重在實戰，技擊性強，講求一勢多變，招招相連，勢勢相隨，左右逢源，顧打結合，遇強智取，遇弱硬打，遇剛柔化，遇柔剛擊，防身制敵效果極佳，是不可多得的優秀拳法。

但切記，實戰交手不可墨守成規，拘泥於形式，要「以無法對有法」，隨心所欲地克敵制勝。

下面，特從少林飛龍拳中選出幾例實戰性較強的技擊法介紹給讀者。

1.敵我對峙。設對手先發制人，右腳在後，左腳向前上步，左手防護於胸前，右拳直擊我頭部（圖4-1）。

我快速靈活地向前上步，左臂向外化解敵拳，使之攻擊失效，右手變掌，向對手的咽喉直刺（圖4-2）。

【要求】

上步靈活，身法自然；化解時以柔克剛，刺喉要快準狠，一擊必殺。

圖 4-1

圖 4-2

2.敵我對峙。設對手先發制人，左腳向前上步，右手防護於胸前，左拳直擊我頭、胸部時；我快速以右臂向外格擋（圖4-3）。

圖4-3

接著，我靈活向前上步，右手順勢摟抓對手前臂，左手向外勾對手之頸部；同時，疾速提膝撞擊其襠部（圖4-4）。

【要求】
上步快捷，步穩勢正。摟抓對手前臂時要向後拉拽，勾其頸部時要有擊打動作。上下齊打，周身協調。

圖 4-4

3.敵我對峙。設對手先發制人，兩腳快速向前進步，左臂屈曲於胸前，右拳直擊我頭、胸部（同圖4-1）。

我立即向前靈活進身，用左臂向外格擋對手前臂，使之攻擊失效，右拳直擊對手之胸部（圖4-5）。

上動不停。我右臂屈曲收回護於胸前，左拳快速直擊對手之面部；同時，左腳支撐重心，右腳彈踢其襠部（圖4-6）。

【要求】
上步靈活穩重，快捷自然。摟抓對手時也可變成格擋。拳擊及彈踢要快準狠，一氣呵成。

圖 4-5

圖 4-6

4.敵我對峙。設對手先發制人，雙腳靈活向前進步，右臂屈曲護於胸前，左拳猛擊打我胸部時；我立即用右臂向下格擋敵之前臂，使之攻擊失效（圖4-7）。

圖4-7

接著，我快速向右轉身，右臂於體前屈曲防護，左拳直擊對手胸部（圖4-8）。

【要求】

格擋及時、快速，擊敵胸要以意使氣，以氣催力，力貫於左拳面。

圖4-8

5.敵我對峙。設對手趨步向前，採取先發制人之勢，以左臂護體，右拳快速向前擊打我胸部（同圖4-1）。

我立即用左手向內拍擊對手前臂，使之攻擊失效，右手成金剛指向前插擊其雙眼（圖4-9）。如果對手以手向外格擋我之前臂，我可立即活步進身，用右臂摟夾對手之頸部，同時提膝撞擊其襠部（圖4-10）。

【要求】

拍擊及時快捷，插擊對手雙眼要準確、凶狠，進身快速敏捷。摟敵頸部與提膝撞襠協調一致，一氣呵成。

圖 4-9

圖 4-10

6.敵我對峙。設對手先發制人，趨步向前，以右臂護體，左拳快速擊打我胸部時；我立即降低身體重心，疾速用左手抓擰對手前臂，同時，右臂向下砸壓其胳膊，使其受制於我（圖4-11）。

圖4-11

如果對手向後掙脫，我可順勢向前以臂掃擊其胸，使對手向後跌出（圖4-12）。

【要求】

抓擰與砸壓同時進行，力道要柔中有剛，剛中寓柔。臂掃擊要力大凶猛，乾脆俐落。動作連貫，周身協調。

圖 4-12

7.敵我對峙。設對手趨步向前，搶先攻擊，左臂屈曲護於體前，右直拳快速擊打我胸部（圖 4－13）。

我立即靈活向前上步進身，以左手蓋壓敵之前臂，將其攻擊化解，右拳朝對手的臉部砸擊；同時，右腳截踢對手之脛骨（圖 4－14）。

【要求】

進身快捷自然。蓋壓化解要柔和及時，並與砸擊同時進行。動作凶狠刁鑽，一氣呵成。截踢應快發快收，以達一擊必殺之功效。

圖 4-13

圖 4-14

8.敵我對峙。設對手趨步向前，採取先發制人之勢，以右臂護體，左拳擊打我胸部時；我立即活步接近對手，右臂向外格擋對手前臂，使其攻擊失效，左臂由上向下掄擊對手之胸部；同時，右腿微屈支撐體重，左腳快速勾踢對手之踝關節（圖 4-15）。

圖4-15

如果對手向後撤步，躲過我腳的勾踢，我立即左腳上抬踹擊敵身（圖 4-16）。

【要求】

格擋及時準確，以柔克剛。勾踢快捷，重心安穩。踹擊須凶狠，技法要連貫、協調，不給對手喘息之機。

圖 4-16

9.敵我對峙。設對手上步進身，左拳防護於體前，右拳擊打我的胸部；我立即以左手向下拍擊對手前臂，使其攻擊失效，右手變掌，直刺對手的面部（圖 4-17）。

如果對手用左手進行格擋，我可順勢借力，用左臂向上架對手前臂，使其攻擊失效；同時，以左腿支撐體重，右腳快速截踢對手小腿（圖 4-18）。

【要求】
防守要及時準確、自然靈活，並與刺面動作同時進行，技法凶狠刁鑽，一氣呵成。截踢應勢猛勁遒，快發快收，重心牢固。

圖 4-17

圖 4-18

10.敵我對峙。設對手趨步向前，採取先發制人之勢，以左臂護於體前，右拳直擊我胸部（同圖 4–1）。

我立即向前靈活上步，左腳在前，右腳在後，雙腿微屈，降低重心；同時，左臂向外格擋對手前臂，使其攻擊失效，右拳快速擊打對手之小腹（圖 4–19）。

圖 4–19

【要求】

進身而戰，身法靈活敏捷。格擋快速及時，擊打凶狠猛烈，氣力合一。

11.敵我對峙。設對手先發制人，左腳向前上步，左手防護於胸前，右拳直擊我頭、胸部（同圖4-1）。

我靈活向前上步，靠近敵身，同時右手向外摟抓對手前臂，左臂向下砸之，使其受制（圖4-20）。如果對手欲掙扎逃脫，我可立即順勢以左手向下化解對手前臂，右掌撲擊其面部（圖4-21）；接著，身體重心降低，雙腿屈曲下蹲，右手成拳護於體前，左拳擊打對手心窩部位（圖4-22）。

圖 4-20

【要求】

貼身近戰，身靈體活。抓時要向後拉之，動作快速及時，砸打凶狠，抓砸合一。擊打時要以氣催力，力達拳面。

圖 4-21

圖 4-22

12.敵我對峙。設對手右腳向前上步，左腳在後，右手防護於體前，左拳擊我胸部時。我立即活步向前，以左手抓握對手腕部，並向後拉之，同時，右拳掄擊其左耳部位（圖 4-23）。

圖 4-23

接著，我雙腿向下微屈，降低重心，左手防護於體前，右拳擊打對手腹部（圖 4-24）。

【要求】
上步靈活穩固，抓握敵之腕要牢，擊打要快、準、狠。動作連貫自如，周身協調一致，力爭一擊必殺。

圖 4-24

13.敵我對峙。設對手右腳向前上步，左腳在後，採取先發制人之勢，左臂屈曲護於胸前，右拳直擊我胸部時。我立即以左臂向外格擋，使其攻擊失效（圖4-25）。

接著，我立即右腳快速向前上步，左手防護於體前，右手成掌直刺對手之咽喉部位（圖4-26）。

如果對手以右手化解我之攻擊，我可立即用左手摟抓對手前臂，並向後拉之，右手抓住其之頭髮向下拽；同時，以右腳支撐體重，提起左腿，以膝部撞擊對手的面部（圖4-27）。

【要求】

上步靈活穩固，抓拽要凶狠且牢固。撞擊要乾脆，上下要協調。技法連貫自如，快速刁鑽，一氣呵成。

圖 4-25

圖 4-26

圖 4-27

14.敵我對峙。設對手向前上左步，右腳在後，採取先發制人之勢，右臂屈曲護於胸前，左拳直擊我頭部時；我立即以右臂向外格擋，使其攻擊失效（同圖43）。

如果對方退步，我則進步向前，同時右臂向外化解對手攻擊之手，左手砍擊其頸部（圖 4-28）。

緊接著，我以右腳支撐體重，向上快速提起左腿，以膝部向對手腹部猛烈撞擊（圖 4-29）。

【要求】

格擋及時，防守嚴密。砍敵之頸部要穩、準、狠。上步快捷自如，撞擊要凶狠。周身協調，技法自然流暢。

圖 4-28

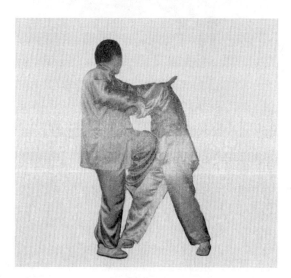

圖 4-29

15.敵我對峙。設對手向前上右步，左腳在後，採取先發制人之勢，左臂屈曲護於胸前，右拳直擊我頭部（同圖 4-1）。

我立即以右手抓握對手腕部，左手按壓其肘部，雙手用力向後拉拽，使其重心前傾，身體向前俯；同時，我以右腳支撐身體，左腳快速踹擊對手右小腿（圖 4-30）。

圖 4-30

如果對手後退逃脫，我右腳則向前墊步，同時右腳踹擊對手肋部，右手自然防護於體前（圖 4-31）。

【要求】

抓握和按壓同時進行，身體重心降低，拉拽乾脆有力。踹擊要凶狠疾速，快發快收。

圖 4-31

16.敵我對峙。設對手搶先攻擊，右腳向前上步，左拳防護於體前，右拳直擊我胸部。我快速以左前臂向裡掛擊其前臂，使其攻擊失效，右拳於體前防護，目視對手（圖 4-32）。

接著，我疾速向右轉身，右腳後撤，雙腿微屈；同時，左拳防護於體前，右鞭拳掃擊對手頭部（圖 4-33）。

【要求】

掛擊及時準確，以柔克剛。轉身、撤步靈活快捷，重心安穩，五趾抓地。鞭拳掃擊要快速凶狠，力達拳面。

圖 4-32

圖 4-33

17.敵我對峙。設對手靈活上步，左腳在前、右腳在後成實戰步，右拳直擊我的胸部。我立即以左臂向外格擋對手前臂，右拳防護於體前（圖4-34）。

圖4-34

緊接著，我順勢向前進右腳，左腿快速提起，以膝部撞擊對手襠部；同時，雙手向上合擊對手兩側太陽穴，使其受擊而癱瘓於地（圖4-35）。

【要求】

格擋快速及時，注意防守對手的反擊，進步快捷靈活，重心穩固。貫出敵耳和撞擊敵襠要協調一致，同時進行。動作連貫自如，周身整勁如彈簧，力爭一擊必殺。

圖 4-35

18.敵我對峙。設對手上左步，右腳在後成實戰步，以左直拳擊我的胸部；右拳防守於體前；我立即靈活動步，同時以右拳防護於體前，左臂疾速向外格擋對手前臂，使之攻擊失效（圖 4-36）。

緊接著，我向前快速進步，重心前移，身體以腰為軸向左方旋擰發力，用右肘盤擊對手頭部（圖 4-37）。

【要求】

格擋快速及時，柔中有剛。進步自然圓活，重心平穩。發力要乾脆俐落，力達肘部。

圖 4-36

圖 4-37

19.敵我對峙。設對手採取先發制人之勢，左腳向前上步，右腳在後，左拳於胸前防護，右直拳擊打我頭部（同圖 4-1）。

我立即降低身體重心，同時以左手向外化解對手前臂，使其攻擊失效，右拳向前直擊對手之心窩部位（圖4-38）。

圖 4-38

【要求】

化解及時快速，上步快捷穩固，擊打要凶狠有力，乾脆俐落，技法協調刁鑽，一氣呵成。

20.敵我對峙。設對手採取先發制人的攻勢，右腳向前上步，左腳在後，右臂屈曲護於胸前，左拳直擊我胸部；我立即活步向前，雙腿略屈曲，降低重心，同時以左手抓對手腕部向外化解，右手成虎爪，猛擊其心窩部位（圖4-39）。

圖4-39

緊接著，我以左虎爪向上抓擊對手面部，右手抓其手腕不放（圖4-40）。

【要求】
抓腕化解及時有力，防守嚴密。上步敏捷圓活，重心平穩。抓擊敵面要穩、準、狠，凶猛快速，一氣呵成。

圖 4-40

導引養生功 系列叢書

◎ 1. 疏筋壯骨功
◎ 2. 導引保健功
◎ 3. 頤身九段錦
◎ 4. 九九還童功
◎ 5. 舒心平血功
◎ 6. 益氣養肺功
◎ 7. 養生太極扇
◎ 8. 養生太極棒
◎ 9. 導引養生形體詩韻
◎ 10. 四十九式經絡動功

陸續出版敬請期待

張廣德養生著作

每冊定價350元

全系列爲彩色圖解附教學光碟

國家圖書館出版品預行編目資料

少林飛龍拳／劉世君　著
——初版，——臺北市，大展，2006〔民95〕
面；21公分，——（少林功夫；16）
ISBN 957-468-445-8（平裝）
1.少林拳
528.97　　　　　　　　　　　　　　　95000751

少林飛龍拳

ISBN 957-468-445-8

著　　者／劉世君
責任編輯／張建林
發 行 人／蔡森明
出 版 者／大展出版社有限公司
社　　址／台北市北投區（石牌）致遠一路2段12巷1號
電　　話／（02）28236031・28236033・28233123
傳　　眞／（02）28272069
郵政劃撥／01669551
網　　址／www.dah-jaan.com.tw
E - mail ／service@dah-jaan.com.tw
登 記 證／局版臺業字第2171號
承 印 者／高星印刷品行
裝　　訂／建鑫印刷裝訂有限公司
排 版 者／弘益電腦排版有限公司
授 權 者／北京人民體育出版社
初版1刷／2006年（民95年）3月

定　價／200元

大展好書　好書大展
品嘗好書　冠群可期

大展好書　好書大展
品嘗好書　冠群可期